HOMBRE MOSCA PRESENTA:

MURCIÉLAGOS

Tedd Arnold

Scholastic Inc.

A Caroline Van Kirk Bissell, la "Mujer Murciélago" del Club de Pájaros, Árboles y Jardines de Chautauqua—T. A.

Photo credits:
Photos ©: cover: Yuzo Nakagawa/Minded Pictures; back cover: Dr. Merlin D. Tuttle/Science Source; 4–5: Brad J. Williams; 6: Mattias Klum/National Geographic Creative; 7 top left: Michael Durham/Minded Pictures; 7 top right: Dr. Merlin D. Tuttle/Science Source; 7 bottom left: Design Pics/Thinkstock; 7 bottom right: JohnPitcher/iStockphoto; 8 top left: Kptan123/Thinkstock; 8 top right: Pat Morris/Ardea; 8 bottom: Dr. Merlin D. Tuttle/Science Source; 9: Ivkuzmin/Dreamstime; 10 top left: Jason Edwards/National Geographic Creative; 10 top center: Mark Bowler/Science Source; 10 top right: B.G. Thomson/Science Source; 10 center: ER Degginger/Science Source; 10 bottom: FrankRamspott/iStockphoto; 11 top: OndrejVladyka/iStockphoto; 11 bottom: jasantiso/iStockphoto; 12: Super Prin/Shutterstock, Inc.; 13: Stephen Belcher/Minded Pictures; 14 top: Joe McDonald/Visuals Unlimited; 14 bottom left: Wil Meinderts, Buiten-beeld/Minded Pictures; 14 bottom right: the4js/iStockphoto; 15: Kim Taylor/Nature Picture Library/Corbis Images; 16 top: Mark Bowler/Science Source; 16 bottom: Dr. Merlin D. Tuttle/Science Source; 17 top: Tim Laman/National Geographic Creative; 17 bottom: Mealmeaw/Dreamstime; 18 left and right: Dr. Merlin D. Tuttle/Science Source; 19 top left: Michael Rolands/Shutterstock, Inc.; 19 top right: Dr. Merlin D. Tuttle/Science Source; 19 bottom: Nick Gordon/Ardea/Animals Animals; 20 top: Dave Roberts/Science Source; 20 bottom: C. Braun/Corbis Images; 21 left: Dr. Merlin D. Tuttle/Bat Conservation International/Science Source; 21 right: Michael Fogden/Animals Animals; 22 top left: Christian Ziegler/Getty Images; 22 top right: Christian Ziegler/Minded Pictures; 22 bottom: Ivkuzmin/Dreamstime; 23 top: Isselee/Dreamstime; 23 bottom: Stephen Dalton/Science Source; 24–25: Michael Durham/Minden Pictures/Corbis Images; 26: Ch'ien Lee/Minden Pictures/Corbis Images; 27 top: Stephen Dalton/Minden Pictures; 27 bottom: John Serrao/Science Source; 28 top and bottom: Dr. Merlin D. Tuttle/Bat Conservation International/Science Source; 29 top right: Roland Seitre/Minded Pictures; 29 top left: ER Degginger/Science Source; 29 bottom: Dr. Merlin D. Tuttle/Bat Conservation International/Science Source; 31 main and 31 inset: Christian Ziegler/Getty Images.

Originally published in English as Fly Guy Presents: Bats

Translated by Abel Berriz

Copyright © 2015 by Tedd Arnold
Translation copyright © 2022 by Scholastic Inc.

ISBN 978-1-338-84915-8

10 9 8 7 6 5 4 3 2 1   22 23 24 25 26

Printed in the USA   40
First Spanish printing 2022

Un niño tenía una mosca de mascota llamada Hombre Mosca.
Hombre Mosca podía decir el nombre del niño:

¡BUZZ!

ZOOLÓGICO

Buzz y Hombre Mosca visitaron el edificio de los animales nocturnos.

Buzz miró el mapa. ¡Estaban en el interior de una cueva de murciélagos!

MAPA DE LAS CRIATURAS NOCTURNAS

CUEVA DE MURCIÉLAGOS

PANTANOS

—Los murciélagos son geniales —dijo Buzz—, pero no sé mucho sobre ellos.

Buzz y Hombre Mosca querían aprender más.

Casi todos los murciélagos son nocturnos. Están despiertos de noche y duermen de día.

EJEMPLARES DE GRAN ZORRO VOLADOR DURMIENDO EN UN ÁRBOL

¡Los murciélagos vuelan de noche!

MURCIÉLAGO OREJU...

MURCIÉLAGO RATONERO MEDIANO

¡BUZZ VUELAZ CÓMICOZ!

MAPACHE

LECHUZA COMÚN

El mapache y la lechuza común también son animales principalmente nocturnos.

Los murciélagos duermen de cabeza. Se cuelgan de lugares altos para protegerse de los depredadores.

Algunos murciélagos se cuelgan de los árboles o de los puentes. ¡Incluso puede que estén en tu ático!

ZORRO VOLADOR EN UN ÁRBOL

MURCIÉLAGOS OREJUDOS EN UN ÁTIC

Otros viven en cuevas y se cuelgan del techo.

EJEMPLARES DE MURCIÉLAGO MAGUEYERO MENOR

A un grupo de murciélagos se le llama colonia. ¡Algunas colonias tienen más de 20 millones de murciélagos!

COLONIA DE MURCIÉLAGOS EN UNA CUEVA

¡Existen más de 1.200 especies diferentes de murciélagos!

murciélago de nariz tubular

murciélago fantasma

murciélago frugívoro de Jamaica

El murciélago más común en Norteamérica es el pequeño murciélago café.

pequeño murciélago café

Hay murciélagos en todos los continentes excepto en la Antártica.

AMÉRICA DEL NORTE
EUROPA
ASIA
ÁFRICA
AMÉRICA DEL SUR
AUSTRALIA
ANTÁRTICA

los siete continentes

Se los puede encontrar tan al norte como en el Ártico, ¡donde las temperaturas bajan hasta los −34°C!

cueva de hielo

También viven en lugares muy cálidos, como Death Valley, California, ¡donde la temperatura ha alcanzado los 56°C!

Death Valley

PELAJE DEL GRAN ZORRO VOLADOR

Los murciélagos son mamíferos, animales con pelaje y sangre caliente. Esto quiere decir que su temperatura corporal no varía en dependencia de la temperatura ambiente.

¡También son los únicos mamíferos que pueden volar!

COLONIA DE GRAN ZORRO VOLADOR

¡Volar es difícil! Los murciélagos se valen de la gravedad, la fuerza que atrae los objetos a la Tierra, para alzar el vuelo.

ZORRO VOLADOR DE LA INDIA

MURCIÉLAGO DE LABIO VERRUGOSO

MURCIÉLAGO DE COLA SUELTA

Primero se cuelgan boca abajo. A continuación se dejan caer y baten las alas hasta remontar el vuelo.

FASES DE VUELO DEL MURCIÉLAGO OREJUDO DE TOWNSEND

¡Es increíble!

¡¡ZZÍ!!

Casi todos los murciélagos son pequeños y pesan menos de dos onzas. ¡Menos que una naranja!

El murciélago moscardón, también conocido como murciélago nariz de cerdo de Kitti, es el más pequeño del mundo.

un científico con un murciélago moscardón

2 cm

También existen algunos murciélagos grandes. El gran zorro volador es el murciélago más grande del mundo. ¡Sus alas miden un metro y medio de punta a punta!

gran zorro volador surcando el cielo

¡metro y medio de envergadura!

Los murciélagos comen según su especie.

Especies como el murciélago egipcio comen insectos. ¡Pero algunos insectívoros también comen ranas, lagartos, aves pequeñas y peces!

MURCIÉLAGO PÁLIDO

MURCIÉLAGO EGIPCIO

¿COMEZZ INSECTOZZ?

Tenía la esperanza de que no te dieras cuenta.

Los murciélagos frugívoros comen frutas y beben el néctar de las flores.

MURCIÉLAGO
FRUGÍVORO DE EGIPTO

MURCIÉLAGO
SIRICOTERO
DE PALLAS

○ MURCIÉLAGOS FRUGÍVOROS ○

○ MURCIÉLAGO VAMPIRO ○

Los murciélagos vampiro se alimentan de sangre que chupan de otros animales. Utilizan sensores térmicos para hallar sus presas.

cuerpo de los murciélagos es increíble.

○ ESQUELETO DE MURCIÉLAGO OREJUDO ○

...os mamíferos tienen dos alas, dos ...s y una cola. No pueden correr ...ue sus patas son muy cortas. Sus alas ...on tan fuertes como las de las aves.

...murciélagos tienen dos pulgares, ... en cada muñeca, que los ayudan a ...lar, pelear y cazar.

...ULGAR DE MURCIÉLAGO

Todos los murciélagos tienen dientes. Los frugívoros tienen dientes más simples que los insectívoros. Los insectívoros tienen dientes más afilados. ¡Los murciélagos vampiro tienen dientes afilados como navajas!

MURCIÉLAGO DE OREJAS GRANDES

MURCIÉLAGO VAMPIRO

¡Los murciélagos tienen súper sentidos! Algunos pueden ver muy bien en la oscuridad.

murciélago de labios con flecos

¡Los murciélagos tienen sensores extra especiales en las narices!

zorro volador de Madagascar

Y también tienen buen oído.
¡Pueden oír a un insecto
batiendo las alas!

¡LAZ ALAZZ
HAZZEN
RUIDOZ!

murciélago orejudo
cazando una polilla

murciélago orejudo gris

Muchos tipos de murciélago utilizan un sonido especial, llamado ecolocalización, para moverse y encontrar comida.

El murciélago emite el sonido por la nariz o la boca.

El sonido viaja hasta un objeto, rebota y viaja de vuelta al oído del murciélago. Esto le permite al animal saber cuán lejos está el objeto para poder localizarlo.

s sonidos que emiten los
rciélagos son demasiado
idos para el oído humano.

¡Algunos producen sonidos superiores a los 110 decibeles!

No todos los murciélagos cazan del mismo modo.

Algunos, como el de nariz de hoja de diadema, esperan a que un insecto pase volando para salir a cazarlo.

MURCIÉLAGO
NARIZ DE HOJA
DE DIADEMA

¡Y algunos murciélagos cazan a los malos!

Otros murciélagos cazan en grupo. S
ayudan entre sí para cazar la presa.

○COLONIA ABANDONANDO LA CUEVA○

Muchos murciélagos hibernan cuando
no hay mucha comida. Duermen
profundamente durante el invierno y
despiertan en primavera para ir a caza

EJEMPLARES DE PEQUEÑO
○ MURCIÉLAGO CAFÉ HIBERNANDO ○

La mayoría de las hembras pare una cría cada año.

¡BEBÉZZ!

cría de murciélago gris

Todas las crías, incluso las de murciélago vampiro, son amamantadas por sus madres.

murciélago frugívoro de Gambia

Las crías de murciélago se cuelgan de sus madres.

madres con sus crías

La madre reconoce el olor y el llanto de su cría. Una mamá puede encontrar a su cría entre cientos de ellas.

murciélago frugívoro con su cría

Los quiropterólogos estudian a los murciélagos. Estos científicos quieren saberlo todo sobre estos animales.

UN QUIROPTERÓLOGO SOSTIENE UN MURCIÉLAGO PÁLIDO CAPTURADO EN UNA RED DE NIEBLA

Los quiropterólogos buscan nuevas especies de murciélago.

VENTOSA

En 2013 se descubrió una nueva especie de murciélago con ventosas en los pulgares. Las ventosas ayudan a estos murciélagos a escalar.

—¡Los murciélagos son increíbles! —dijo Buzz—. A partir de hoy prometo nunca matarlos, aunque entren a la casa. Buscaré ayuda para sacarlos sin hacerles daño. Los murciélagos son nuestros amigos.

Buzz y Hombre Mosca están ansiosos por que llegue la próxima aventura.